Посвящается моей жене Оле.

South Eastern Publishers Inc.

2013

КЕМ Я ТОЛЬКО НЕ БЫЛ И ЧТО Я ТОЛЬКО НЕ ВИДЕЛ

Владислав Алексеевич Чащин

Издательство «Юго-Восток»

2013

УДК 82-94
ББК 84-44

Чащин, Владислав Алексеевич
Ч-305 Кем я только не был, и что я только не видел / Владислав Чащин
– Нью-Йорк, Издательство "Юго-Восток," 2013. – 89 с. – ISBN
978-1-936531-12-7

Владислав Чащин родился в начале 1940х годов. Книга
коротких рассказов повествует о жизни веселого доцента.

South Eastern Publishers Inc,
New York • Washington D.C. • London • Moscow • Hong Kong
228 Park Ave South,
New York, NY 10003-1502 USA

For more information e-mail info@sepublishers.com
or visit our website www.SEpublishers.com
To contact author, e-mail tva@otdel-1.org

Book design by B.B.Opastny
Printed in United States of America
First Edition: November 2013
ISBN 978-1-936531-12-7 (paperback)
ISBN 978-1-936531-13-4 (e-book)
Library of Congress Control Number: 2013920509

КЕМ Я ТОЛЬКО НЕ БЫЛ И ЧТО Я ТОЛЬКО НЕ ВИДЕЛ

Грузчиком

Свою трудовую деятельность после окончания школы я начинал грузчиком в транспортном отделе МАИ (Гараже). Работа была нормальная, мы на машинах (конечно в кузове, а не за рулем) ездили по московским базам, грузили там необходимые товары для института, а потом в институте разгружали все это в указанных местах. Особенно хорошо было в первой половине моей деятельности, когда мне не исполнилось еще 18 лет и я имел право уходить с работы на два часа раньше всех взрослых. А в субботу, когда все уходили на два часа раньше и так, я уходил на 4 часа раньше, пока меня не застукал завгар за этим окончание рабочего дня.

В гараже я освоился с грузовыми машинами. В конце рабочего дня, когда все шофера съезжались, им было положено помыть машину. Тут мы суетились под ногами у них и получали разрешение отогнать машину на мойку и за это ее помыть. Только нельзя было показываться завгару.

После первой полученной зарплаты, я купил две больших плитки шоколада и шел домой пешком, чтобы успеть самому съесть их обе.

Павой

Первые годы на нашей даче не было водопровода и для полива растений на участке воду нужно было носить метров за 150 из пожарного пруда. Для нашего участка нужно было ежедневно ведер 10 – 12. Я приспособил древнее устройство – коромысло. В лесу было множество разных коряг и из одной вышло прекрасное коромысло.

Несколько ходок за водой всколыхнули дремавшие во мне от предков знания обращения с коромыслом. Идея тут очень простая – нужно, чтобы при ходьбе плечо с коромыслом не ходило вверх и вниз, а все время двигалось на одном уровне. Походка получалась, как у девицы - павы.

К нам в гости приехал старший сын со своим приятелем Сашей. Это были девяностые годы, но уже тогда для городской молодежи коромысло было чем-то архаичным и любопытным. Саша попросил:

- Владислав Алексеевич, можно я схожу за водой с коромыслом?

Я разрешил.

Знания предков в памяти Саши не обострились и он принес в ведрах только по половинкам воды, остальная вода расплескалась, в основном сзади на его штаны.

Певцом

При проведении лабораторных занятий я, обычно, мурлыкал что-нибудь себе под нос. Тогда я читал студентам три разных курса в течении трех-четырех семестров и в конце цикла опрашивал (анонимно) всех студентов, что им не понравилось?

Один студент (весьма прилежный и сидевший почти рядом со мной на лабораторках) написал в качестве отрицательной черты:

- Вы все время что-то мурлыкаете себе под нос, но очень тихо, нельзя разобрать слов.

Я покрывал рубероидом крышу маленького дома на нашей даче. Была вторая половина дня, прекрасная погода, хотелось петь. На крыше было очень приятно находиться. Высота метров 6, работа не сложная и спорилась. Я рассчитывал с темнотой закончить ее.

Часу в двенадцатом вечера ко мне подошел сосед и попросил:

- Поешь ты хорошо, но дай нам отдохнуть, уже вечер.

В 6-ти метрах от земной суеты, чудным летним вечером песни лились из меня потоком. От песни к песне я увеличивал силу звука, чтобы донести звучание до самых задних рядов дач. Сосед с замечанием пришел с другой стороны наших участков.

Чижом

В 1961 году я был первый раз на целине. Каждый вечер после ужина мы собирались в одном из бригадных домиков и пели песни. Я знаю много песен, имею неплохой слух, хорошее горло и был на этих спевках безотказным певцом. За эти достоинства Боря Алипов решил назвать меня Чижом. Боря был настойчивым и почти неделю ходил со мной и всех поправлял, что меня нужно называть Чижом. Народ не возражал, и это прозвище приклеилось ко мне очень прочно и надолго. Оно сопровождает меня уже лет 50. Кое-кто меня только и знает Чижом. Даже моя жена регулярно оповещает: Чижуля, пошли обедать, а этому Чижуле уже восьмой десяток.

Анархистом

Это было на первой целине. Я был бригадиром и в мою, пожалуй, главную задачу входила побудка бригады утром. В целинном отряде был единственный будильник в штабе. По будильнику просыпался дежурный, который обходил наши домики и будил бригадиров. Стаскивать с топчана сонных друзей и подруг входило в обязанность (не очень легкую) бригадира. В нашей бригаде после моего стенания родилась инициатива – проводить утром бригадную линейку только с бригадными вопросами. Утром я всех толкал, затем занимался минут 10 своими нуждами и объявлял построение.

Решение о линейке принимали сами ребята и поэтому все хотя и полусонные, но все-таки собирались на построение. Перед бригадным сообщением мы поднимали флаг бригады при исполнение гимна. Флаг сделали девчонки из полосатой наволочки, на которую нашили черного петуха. Нашим гимном была песня в исполнение Руслановой – у нас в бригаде у единственных был патефон с единственной пластинкой Руслановой. После я сообщал о передовике - каменщике вчерашнего дня и ему вручали букет полевых цветов. Линейка, гимн, флаг с петухом окончательно отгоняли сон и вся бригада дружно шла на завтрак в столовую. Так длилось неделю.

Через неделю меня вызвали на заседание штаба отряда, указали на недопустимость флага с петухом, обвинили в склонности к анархизму и запретили утреннее построение. И опять я каждое утро вытаскивал спящих друзей на работу.

Лихая идея

При оправлении студентов на вторую целину возникла проблема сбора тысячного отряда студентов перед посадкой в поезд. Было решено, что сбор в вагоне поезда – это очень не надежно, возможны опоздания и т. д., особенно для тысячи человек. Решили встречаться в институте загодя, чтобы успеть всех сосчитать и кое-кого срочно вызвать. Но где взять автобусы для поездки от института до вокзала? В то календарное время была пересменка в московских пионерских лагерях и получить для стройотряда десяток автобусов даже через горком партии было немыслимо. Ломая над этой проблемой голову в комитете комсомола, мы глянули в окно. Напротив института, на другой стороне Ленинградского шоссе находится троллейбусный парк. Члены оргкомитета замерли, чтобы не спугнуть лихую идею.

На следующее утро с письмом от ректора и парткома мы пришли к директору троллейбусного парка. Объяснили ситуацию, директор согласился с нашими доводами. В день отъезда перед проходной института стояло пятнадцать или двадцать троллейбусов, которые по спец. маршруту довезли 1000 стройотрядовцев от МАИ до площади трех вокзалов.

Медработником

В подготовительный период перед поездкой на вторую целину я был начальником снабжения сторойотряда. В частности, мне было необходимо тысячный отряд на два месяца целины обеспечить медикаментами.

Перечень необходимых медикаментов мне подготовили листах на десяти в нашей поликлинике. В ближайшей аптеке этот список скалькулировали. Деньги на оплату я выпросил у главбуха института (естественно с помощью парткома).

Через неделю мне позвонили из аптеки и я, собрав человек десять ребят, пришел за лекарствами. Естественно, в течении недели в аптеке что-то убыло, что-то прибыло. Когда чего-то не было, я разрешал это лекарство заменить чем-то другим равноценным по деньгам. По опыту первой целины я знал, что основное заболевание это понос от местной воды, местной еды. Поэтому когда чего-то не было на складе аптеки (например, лекарства от сердца) я соглашался на замену этого лекарства крепительными таблетками от живота, а не слабительными. Так снабженец стал медработником.

Честное деление

На второй целине я получал много посылок из Москвы от друзей. По опыту первой целины все знали об однообразном питании на целине и, при прощании на вокзале, обещали слать посылки, мне нужно было только прислать адрес. Я исправно записал адреса всех обещавших, а по приезде в совхоз целую неделю писал в Москву открытки: доехали хорошо, питаемся так себе, жду посылку.

Кстати говоря, однажды мы сидели рядом с Мишкой Архиповым, который писал открытку своей невесте и будущей жене Татьяне. Миша предложил мне чиркнуть пару слов, где я написал: привет, присылай посылку. Посылку она прислала мне, а не Мишке.

По правилам отряда я, как бригадир, получал посылки всей бригады. Иногда приходила одна посылка, иногда штук пять. В бригаде был общий котел и необходимо было делить посылки на всех. Затруднения возникали при получении единственной посылки. Ее надо было по-честному разделить на 35 членов бригады.

Все 35 человек жили в одной больший палатке. В середине был длинный дощатый стол, а по обоим бокам были нары. Я рассыпал конфеты и печенья посылки тонким ручейком на всю длину стола. Вся бригада садилась с ногами каждый на свое спальное место на нарах и ждала, когда я тоже сяду на свое. После этого я командовал «три-четыре» и все бросались на стол за сладостями, кому что доставалось. Я считаю, что это был честный дележ.

Счастливчиком

В нашей бригаде на целине был день рождения у Вовки Шухмана. Из дому ему прислали посылку, а в ней бутылку коньяку. В бригаде было 35 человек и еще гостей десятка полтора, а бутылка одна, как быть?

Решили, что один стакан Вовке, как именин-нику, второй стакан от всех должен с ним выпить кто-то из присутствовавших. Решили бросить на пальцах (только одной руки). Я под пристальным вниманием друзей сосчитал пальцы, а затем про-считал по кругу – выпало на меня. Я от имени всех чокнулся с Вовкой и мы выпили.

В бутылке остался еще один стакан. Долго спорили и решили опять бросить на пальцах, и опять выпало на меня.

Избранным

Одно время я приспособился покупать биле-ты в кино с рук. Началось это с того, что мне раза - два предложили билеты на дефицитные сеансы, когда я стоял перед входом в кинотеатр. Почему мне, а не кому-нибудь другому предлагали, я не знал, но поверил в свою избранность.

Я стоял около кинотеатра «Центральный» и наблюдал ситуацию. Вдруг ко мне подбежал парень с младшего курса и спросил лишний билетик. Парень меня знал по целине. Я ему объяснил, что мне билеты приносят и я спокойно ожидаю результатов распродажи лишних билетиков. Младшекурсник объяснил мне о пагубности пассивного доставания билетов и предложил пари: кто быстрее достанет лишние билеты. Он бегал, суетился, выспрашивал, а я спокойно стоял около входа в кинотеатр. Прозвенел первый звонок, второй звонок. После журнала ко мне подбегает младшекурсник, дает мне один билет, и мы вместе бежим в кинотеатр. На ходу младшекурсник говорит, что его система оказалась лучше. Я ему объясняю, что мне билеты принесли, и не нужно было бегать. Он даже чуть не споткнулся и хотел отобрать у меня своим горбом заработанный билет, но я билет не отдал.

Вопль

На первой целине две бригады, наша и старшекурсников, строили машино-тракторную мастерскую (МТМ). Это был большой объект. Каждый рабочий день мы торжественно отмечали. Для этого мы отпускали девушек за полчаса до конца работы, чтобы они отошли подальше, затем прятали все инструменты и материалы и собирались в центр МТМ. Нас было человек 30-40 мужиков. Последним обычно удавалось пригнать бригадира старшекурсников Маркова, который вечно старался получше укрыть мастерки, лопаты и прочее наше хозяйство. Наконец все собирались. Вова Павлов всех оглядывал, набирал воздуху в грудь и торжественно произносил:

—Очередному, рабочему, дню....

Мы все в это время набирали в легкие воздух и дружно и мощно орали:

— П-и-и-здец!!!

Это конечно нецензурно, но это было и это нас очень сплачивало.

Кто-то этот момент сфотографировал. Кадр получился замечательный, динамичный, сочный. Среди строений, в рабочем виде, в едином порыве стояло человек тридцать студентов. Нам казалось (потому, что мы-то знали), что за этим кадром звучал наш вопль, но кадр был великолепен. С одобрения парткома (который не знал содержания вопля) его поместили в приемной комиссии института на стенде под лозунгом: «Студенты МАИ на стройках целины». Внизу была какая-то надпись, что мы принимаем, какое-то повышенное и напряженное обязательство. Года два мы, целинники, ходили в приемную комиссию и любовались нашим воплем.

Моя свобода

Свобода очень глубокое и разнообразное понятие. В политических науках нас учили, ссылаясь на Ф. Энгельса, что свобода – это осознанная необходимость. Я хочу немного сказать о свободе физической, свободе моего тела. В молодые годы мое тело имело возможность позволять мне многое, с годами возможности сокращались, я их осознавал.

Первое ограничение внес мой желудок с его благоприобретенной в общепите язвой двенадцатиперстной кишки. Желудок не выносил соленых грибков (а это закуска), чеснока (а это приправа ко многим блюдам), всех спиртных напитков, оставив мне только одну водку. Он сугубо отрицательно относится к пиву и мне пришлось это осознать и бросить полностью его потребление. На нарушение всех указанных ограничений желудок отзывался болью в течении ночи. Чтобы желудок мог сделать дальше, я не знаю, поскольку мне хватало с лихвой одной ночи.

Второе ограничение внесли мои легкие. Я стал усиленно кашлять и задыхаться. Пришлось значительно сократить курение вплоть до временного его прекращения. Это было второе осознание. Тут нужно отметить своеобразие реакции организма, она (реакция) со своими капризами двинулся не вверх по телу (к голове), а вниз и занялась ногами.

Третье ограничение на мою свободу наложили ноги. В молодые годы я передвигался в пространстве потому, что меня многое интересовало. С годами (а мне уже восьмой десяток) я стал передвигаться по необходимости. Нужно дойти до работы, нужно с работы вернуться домой и т.д. В каких-то других направлениях мои ноги шли медленно, с неохотой и ныли. Раньше я шел с интересом к цели, а сейчас, я, передвигаясь с работы домой, отмечаю, что уже прошел пол – пути. А ранее путь-то всего был двадцать минут. Это уже третье осознание своей новой свободы.

Дураком

После защиты диплома я с друзьями поехал в Ахтубу сплавляться на катамаране. Во время строительства катамарана мы ловили рыбу. Нас было человек 5 мужиков на один спиннинг, который доставался по очереди: раз в час.

Настала моя очередь. Я на надувной лодке переплыл на другой, песчаный, берег протоки и стал бросать блесну. С нашего берега мне кричали:

— Бросай во всплески, там рыба бьет, она и клюнет на блесну по ошибке.

Раза с десятого случилось то, что надо – какая-то рыбина схватила блесну с крючком. Я ее вытащил на отлогий песчаный берег и стал рассматривать. Рыба была большая (по моим понятиям) и красивая. С другого берега мне кричали:

— Что поймал?

— Не знаю.

— Глаза у рыбы красные?

— Да.

— Значит судак.

В это время из-за кустов вышел местный мужик. Я с ним поздоровался. Он посмотрел на мой улов и спросил:

— Кого поймал?

Я ответил, что в рыбах понимаю плохо, но с другого берега друзья сказали, что это судак. Мужик посмотрел на рыбину потом на меня и сказал:

- Это жерех, умная рыба, но такому дураку попалась.

Самую свою большую рыбину - щуку - я поймал в Карелии на дорожку. В щуке был метр длинны, ее нам на человек 12 хватило на уху и на жарево.

А вот в другой раз это определение, пожалуй, было справедливым. Один сотрудник нашей кафедры попросил меня зайти к заместителю директора политехнического музея. В то время я занимался распределением выпускников факультета, а, как выяснилось, дочка этого замдиректора заканчивала наш факультет и папа очень хотел ее распределения в Москву.

В музей мы пошли вдвоем с моим старшим сыном. Нас радушно встретил замдиректора и устроил персональную экскурсию. После экскурсии он пригласил нас в свой кабинет, где и поведал свою просьбу, обещая за нее все, что я потребую. Я выслушал и, недолго думая, поделился с ним, что москвичей мы и так распределяем только в Москву.

Больше в политехнический музей меня не приглашали.

Не то чтобы дурак, но тугодум

Было это лет 15 назад, но я до сих пор жалею о своей несообразительности.

Я проводил собрание дипломников кафедры. После общих требований подошел черед раздачи индивидуальных направлений каждому студенту на его предприятие на преддипломную практику и дипломное проектирование. Дело это было индивидуальное, а дипломников было человек двадцать пять – тридцать. Тут-то ко мне и обратилась с громким вопросом одна смелая дипломница (ее звали Яна и была она общежитейкой):

— Владислав Алексеевич, пока дойдет до меня очередь, можно я схожу в туалет пописаю?

Я с ходу разрешил ей выйти. Но до сих пор жалею, что тогда же не добавил:

— Вы успеете и покакать.

Грустное

Несложно заметить, что наш язык потихоньку дрейфует вслед за нашей действительностью.

Лет 50 – 60 тому назад понятие ТЕЛКА в нашем обиходе практически не встречалось. В наши дни это понятие прочно заняло место в литературе, телевидение и кино.

А грустно это потому, что раньше и телок-то практически не было, а сейчас их много.

Вместо Брежнева

В 1976 году меня приняли в ряды КПСС. Я пришел радостный домой, где меня торжественно поздравили жена, тесть с тещей, а Кирюша спросил:

— Теперь папа будет вместо Брежнева?

Поэтом

На выпускном сочинении в школе в наше время было хорошим тоном для повышения оценки написать к своему сочинению какой-нибудь эпиграф. При этом нужно было точно знать автора, его текст и авторские знаки препинания. Мой приятель, Сашка Курякин, очень просто решил все проблемы, он написал такой эпиграф:

Если мы едины-

мы непобедимы

В.А Чащин

Наша училка по русскому была страшная трусиха и две недели, пока его сочинение проверяли в РОНО (Сашка получил серебряную медаль и поэтому его сочинение отправили в РОНО на проверку) она волновалась, вдруг из РОНО придет запрос о неизвестном поэте – В.А.Чащине? Но все обошлось.

Слоном

Однажды, в школьные времена я был слоном. В десятом классе я форсил и не опускал уши у шапки даже в морозы и был за это наказан. По дороге в школу я обморозил правое ухо. Мне его растирали и чем-то смазали. Ко второму уроку оно распухло и стало очень большим. Если я резко поворачивал голову, то оно долго еще колебалось, как у слона.

Идиотом

Это было в конце 60-х в начале 70-х годов. Мы с В.Толмачевым ездили в командировку в Ленинград (в то время он так назывался). В свободное время мы пошли к Эрмитажу посмотреть, где стоят воспетые Городницким атланты и держат на своих плечах все небо. Мы их нашли, нашли следы от осколков снарядов. Атланты были на обратной, не парадной стороне Эрмитажа. Посмотрев на достопримечательность, Толмачев и я пошли вокруг Эрмитажа по направлению к центральному входу на другую сторону дворца. Шли мы медленно, обсуждая увиденное. Нас догнала женщина средних лет и спросила, где центральный вход в Эрмитаж? Не сговариваясь с Толмачевым, мы притворились провинциалами и с удивлением обратились к этой женщине со встречным вопросом,

— А где этот Эрмитаж, а?

Женщина посмотрела на нас с сожалением и сказала,

— Идиоты.

Она быстро ушла в поисках центрального входа, а мы с Толмачевым весело хихикали.

Как-то мы с Алиповым договорились о встрече для поездки за грибами. Встречались мы рано, в 7-30 утра и решили, что удобное место встречи будет у колонн Большого театра (там ему было удобно проехать на машине).

Я стою и жду Алипова, мимо меня идут почти непрерывным потоком молодые симпатичные женщины. Продавщицы шли на работу в ЦУМ. Они уже проснулись, но еще не были злыми от усталости дневной работы. Они были причесаны, накрашены, как и все женщины, идущие утром на работу. Все они смотрели на меня и даже оборачивались. Меня это понемногу распирало - каков я?!

Подъехал Алипов, я сел в машину и только через полчаса до меня дошло, почему я вызывал такое внимание симпатичных женщин. Мы собрались за опятами и я стоял в 7-30 утра около колонн Большого театра в резиновых сапогах, рваной штормовке и с рюкзаком. Понятен их интерес к этому идиоту. А пока я стоял там, до меня это не доходило.

Поломоем

Это было давно, но это было. А было это в восьмидесятые – девяностые годы.

Студенты нашего факультета, как тогда было принято, были на картошке. Для проверки студенческих будней деканат послал комиссию: я (заместитель декана) от администрации, Паша Боговков от партбюро. В подмосковном совхозе нас сопровождал комиссар отряда - Истратов (студент). Мы приехали в отряд часов в 9 – 10 утра. Студенты уже были на работе и мы с комиссаром отряда сидели в штабном помещении и строили планы проверки. Я заглянул в тумбочку и потребовал от комиссара отряда сдать пустую посуду (бутылки, штук 20). Но времени до конца рабочего дня было еще много, поэтому я попросил дать мне ведро и тряпку и стал мыть пол в штабной комнате.

В штаб приходили бригадиры и активисты, все в сапогах и весьма грязных т.е. мне местами пришлось соскребать грязь лопатой. Через час штабная комната приняла жилой вид.

Интересна была вечерняя реакция всех входящих в штабную комнату. Как и ранее студенты влетали в комнату в грязных сапогах. Но сейчас многие из них застывали на пороге с поднятой ногой. Им так неожиданно было увидеть штабную комнату с хорошо вымытым полом. А после этого весь отряд приходил посмотреть, как заместитель декана вымыл студентам полы.

Замдеканом

Года четыре или пять я был заместителем декана факультета. Работа как работа: ведомости, стипендии, допуски и проказы студентов. Было много разных веселых случаев.

На первом курсе был один студент из Казани, где его папа был генеральным прокурором республики. Учился он слабо и был кандидатом на отчисление, как вдруг прибежал разъяренный декан и приказал отчислить этого студента немедленно.

А дело было так. В институтской столовой был ВИПбуфет, где столовались деканы, ректорат и главврач институтской поликлиники. Надо сказать, что главврач была фронтовичкой, членом райкома партии и за словом в карман не лезла. Наш декан, Борис Иванович, зашел в буфет, где его при всем честном народе громко приветствовала главврач:

— Борис Иванович, как там у Вас поживает онанист?

Она всем пояснила, что указанный выше студент пришел в поликлинику и потребовал дать ему академический отпуск, так как он онанист и ему очень трудно совмещать свои занятия ононом с учебой.

После этого громкого вопроса главврача разъяренный Борис Иванович и летел, забыв про обед, в деканат.

Почтительным

Одно время я читал лекции на соседнем факультете. Поток был большой, шесть групп, лекции были последними по времени дня. На мои лекции повадился заходить с проверкой декан этого факультета. Когда он заявился в третий раз, я попросил всех студентов встать и приветствовать декана факультета. Больше этот декан меня не беспокоил.

Профоргом

С третьего курса и до диплома я был профоргом группы. Профвзносы я собирал в день стипендии и тут же их спускал. Через неделю у меня была зарплата на кафедре (я студентом работал на пол - ставки с третьего курса до диплома), на эти деньги я покупал марки в профкоме на всю группу. Профбилеты я у всех отобрал и сам вклеивал марки во все билеты. Мне отказалась сдать профбилет только Тюрина, на чем и погорела.

После защиты диплома все отправлялись в профком за подписью в бегунке и получению накопленных денег в КВП. За время обучения из небольших взносов в КВП набегала сумма достаточная на приличный выпускной банкет. Но нужно было предъявить профбилет со всеми вклеенными марками (за все 6 лет обучения). Если марок не было, то их приходилось покупать на взносы в КВП. Как раз вся их сумма уходила на это.

После защиты дипломов я раздал всем моим однокашникам профбилеты со всеми вклеенными марками и все радостно получили накопления в КВП кроме Тюриной. Она демократка сама владела своим профбилетом, а вклеивать марки забывала и все взносы в КВП ей пришлось отдать за марки шести лет пребывания в профсоюзе студентов.

Честным человеком

Для лаборатории мне понадобилась видеоплата с двумя выходами. Я приглядел таковую на Савеловском рынке электроники, получил заверение зав. кафедрой, что мне оплатят эту покупку и пришел на рынок.

Продавец ларечка, молодой парень, выдал мне видеоплату, чек на ее покупку (где-то рублей 900), поговорил за жизнь, выдал в придачу бесплатно адаптер к плате и я ушел глазеть по рынку. Минут через 40 я что-то присмотрел и полез в кошелек за деньгами, денег в кошельке было больше, чем я предполагал. Немного подумав, я понял, что не отдал деньги за плату. Я вернулся к парню, он встрепенулся, спросил, в чем его вина, а я поинтересовался как с оплатой покупки. Тут до него дошло, что денег он не взял.

Когда я, наконец, расплатился, он пришел в себя и сказал, что с таким честным человеком встретился впервые в жизни и пригласил всегда приходить к нему, он всегда поможет

Парторгом кафедры

На протяжении девяти или десяти лет я был парторгом нашей кафедры. Работа есть работа и я с ней успешно справлялся, за что меня и переизбирали каждый год. Ситуации были разные и к ним нужно было подходить творчески. Таким примером были обязательные посещения, одно время, сотрудниками кафедры лекций в райкоме партии. Тогда кому-то пришло в голову просвещать трудящихся по общеполитическим вопросам, причем это должно было выглядеть добровольно и радостно, т.е. после окончания рабочего дня. Партком раздавал пригласительные билеты с указанием ряда и места в конференц-зале райкома, проверка была по наличию человека на указанном месте и с последующим втыком парторгу при пустом кресле.

Первый раз я сходил сам. В те времена у входа в райкомы партии стояли милиционеры и посторонних не пускали. Пригласительный билет был железным пропуском. Наружи была наша жизнь, а в нутри райкома было что-то приближенное к раю местного значения. Я нашел конференц-зал, райкомовский буфет был напротив, я его посетил. Там были: сырокопченая колбаса, дефицитная говяжья тушенка, торт птичье молоко, шоколадные конфеты, парное мясо и т.д. Надо сказать, что весь штат в райкоме был вышколен, и даже тени осуждения не выказывал любому попавшему в райком. Я выяснил ситуацию, рассказал об этом нашим сотрудникам и сотрудницам, и у меня всегда была очередь на пригласительные билеты. Ведь можно было купить почти весь тогдашний дефицит без беготни по очередям и давки. Единственным условием была моя просьба, после буфета посидеть в конференц-зале точно на указанном месте минут сорок и не заснуть. Эта лафа закончилась через полгода, а жаль.

У парторга на нашей кафедре была еще одна тяжелая ноша. Время неумолимо старит людей, преподаватели не являются исключением. Но уходить с кафедры, с хорошей зарплаты, в те времена, было очень тяжело. В обязанность парторга кафедры входило первым сказать, что «Вам пора увольняться». Тяжело было видеть у пожилых преподавателей, которые меня учили, дрожащие губы и влажные глаза.

Один мой коллега, парторг соседней кафедры рассказывал, как его озадачила одна справка в партком. Он подписал справку – группарторг и задумался, сколько «п» надо писать в этом слове? Зав кафедрой выслушал его сомнения и посоветовал подписать – группенфюрер.

Кладоискателем

В шестидесятых годах мы приспособились ездить на рыбалку на Истринское водохранилище. Мы там нашли базу рыболов - спортсменов какого-то московского завода. С вечера пятницы и до утра понедельника она плотно занималась сотрудниками завода, а на неделе была рада любым посетителям. Мы и были этими посетителями, немного пропуская для этого занятия в институте. В то время мы были уже на старших курсах и посещали занятия с достоинством и выборочно.

В одну из поездок у нас осталось много продуктов, и мы решили спрятать их на берегу водохранилища. В большую кастрюлю мы сложили макароны, тушенку, сахар, сгущенку, бутылку портвейна и все это завернули в пленку. Я встал спиной к приметной березке, по компасу на север отсчитал пять шагов и вырыл яму. В эту яму мы опустили нашу кастрюлю, засыпали ее и замаскировали.

Так случилось, что в следующий раз нам удалось поехать на рыбалку через месяц-полтора. Начинало уже сумеречить, когда мы подплыли к нашему месту. На этом месте кто-то обосновался (человека четыре-пять мужиков) и у них уже горел костер. Мы причалили к берегу, мужики смотрели на нас молчаливо и неприветливо – берег большой, места много а тут приперлись какие-то.

Моя приметная березка была метрах в семи-восьми от костра. Я подошел к ней, встал как надо, отмерил шаги, и начал копать. Вытащил кастрюлю, подошел к костру (там было светлее), развернул, проверил наличие макаронов, тушенки, сахара, сгущенки, бутылки портвейна. Мужики молча смотрели на мои действия. Я убедился, что все в порядке и пошел к нашей лодке. Когда я уже садился в лодку, чтобы отплыть, мужики очнулись и один из них спросил:

— Мужик, где еще копать?

Первой домброй в оркестре

Мой отчим был замполитом в пожарной команде. В те времена пожарные команды были военизированными подразделениями в составе МВД. Эта пожарная команда бала лучшей в Москве и ей, в частности, выдали полный домровый оркестр и ставку музыкального руководителя. В оркестре могли принимать участие члены семей военнослужащих и я был включен в состав оркестра. Играл я по слуху но у меня было плохо с музыкальной памятью, т.е. я регулярно сбивался на исполнение соседа. Мой отчим тоже играл по слуху, но с памятью у него было значительно лучше.

Был объявлен московский смотр самодеятельности пожарных команд и там должен был выступать наш домровый оркестр. Отчим должен был исполнять первую партию домры, я вторую партию. Надо сказать, первая партия – это основная мелодия, а вторая партия – некоторая вариация. Когда мы сели на эстраде и провели блиц-репетицию, то выяснилось, что я все время играл только первую партию, как ни старался руководитель, я ничего другого не умел и не слышал. Руководитель оркестра почтительно и с сожалением обратился к моему отчиму (отчим был начальником руководителя оркестра),

— Илья Семенович, сыграйте, пожалуйста, вторую партию, а то Ваш сын ничего кроме основной мелодии играть не умеет.

Замполиту пожарной команды пришлось согласиться.

Директором Нового Года

После защиты диплома, в середине 60-тых годов мы ездили в Домбай кататься на горных лыжах. Так случилось, что мы были на горнолыжной базе одни (нас было человек 15). Мы приехали в последних числах декабря, а заезд отдыхающих был где-то числа 8-9 января. Выгнать нас директору базы не удалось и он решил использовать нас в своих целях, Мы должны были не только сами отметить Новый Год, но и организовать празднество сотрудникам лыжной базы. Директор базы посмотрел на нас и, не знаю почему, изрек, глядя на меня:

— Ты будешь директором Нового Года.

Хранителем военной тайны

В 66-м году я попал на сорокапятисуточные лагерные сборы офицеров запаса. Тогда проводились лагерные сборы механиков и для командования ими были призваны мы – трое офицеров технарей. Командовать механиками мы категорически отказались и все сорок пять суток провели в ТЭЧи эскадрильи на регламентных работах.

Сборы прошли хорошо и в завершение нам должны были дать отзыв в личное дело офицеров запаса. Отзыв было приказано готовить командиру ТЭЧи, а он заставил одного из нас написать, то что нужно. Прочитав проект отзыва, он сделал единственное замечание – отзыв гражданский, а не офицера. Когда дошла очередь править мой отзыв, он посмотрел вокруг, и увидел большой военный плакат с надписью, НЕ БОЛТАЙ. Вот этому, и указал на меня, напишите – Военную тайну хранить умеет. Так и написали, и напечатали, и поставили печать, и подпись начальника учебного центра - полковника, и отправили в военкомат по месту учета для вечного хранения в моем личном деле.

Злорадным

Это было на даче, летом. Я занимался строительными и копательными делами. Была жара и я был в плавках. Пока я что-то делал, комары не решались ко мне приближаться, но только я останавливался, У-У-У.

Для отдыха и чашечки кофе я разработал систему. Труба из полиэтиленовой пленки хорошо превращалась палатку. Туда можно было поставить маленькую раскладушку, рядом поставить противень с кофе и печеньем. Торцы трубы я заделывал марлей. Залезал в мою палатку в плавках и пил кофе. А с внешней стороны пленки неистовали комары. Они меня видели и унюхивали, но укусить не могли, а я наслаждался кофием и их беспомощностью.

Метаморфоза

Об этом рассказывал мой коллега, лет на 10-15 моложе меня. Он еще видел в женщинах не только красоту молодости, но и еще что-то.

Получив ключи в отделе охраны института, он пошел в корпус, где была его лаборатория. На выходе из помещения охраны ему встретилась молоденькая симпатичная студентка. Все было при ней и ножки и фигурка и одухотворенное выражение лица. Ее молодость вызвала приятные чувства у моего коллеги. В приятном расположении духа он пошел в корпус и (первое совпадение) он опять пересекся с молодой студенткой. Стало еще теплей на сердце моего коллеги. Он поднялся на свой этаж и, идя по коридору, (второе совпадение) опять встретил прекрасную студентку. Она шла в направлении его лаборатории. Не доходя до лаборатории, студентка встретила своего однокашника, который спросил ее, как прошли каникулы?

Студентка громко и подробно поведала о неудачных каникулах, обильно сопровождая рассказ махровым матом.

Приглядевшись, мой коллега увидел, что и ноги у нее кривоваты и фигура с изъяном и на лице обыденность.

Метаморфоза.

Красота

Пермь, наш поезд медленно приближался к перрону вокзала. Было раннее летнее свежее утро. Из окон вагонов была видна идущая молодая женщина, которая встречала кого-то в поезде Москва-Новосибирск. На ней был смелый наряд. Высокие каблучки подчеркивали ножки и стройную фигуру. Миниюбка и минимайка без рукавов позволяла дорисовать все остальные прелести загорелого тела. Прекрасная прическа в это раннее утро. Наверно к ней обращались проходящие мужики, наверно она им что-то отвечала (и может даже очень сочно), за шумом перрона этого не было слышно.

Наконец поезд остановился, открылись двери тамбуров, народ хлынул на перрон и красота растворилась в людском водовороте.

Инверсия

Это было давно. Нас четверо отцов, я, Саня Никулин, Олег Камладзе и Валера Алпеев ходили в Вологодскую губернию в поход на байдарках с детьми. Детей было 6 человек. Дети с удовольствием были в походе и еще играли в походе в поход. Они ставили палатки, разводили костер, варили еду и все это с удовольствием. В это время мы, четверо отцов, каждый вечер уходили вперед по течению проверять фарватер. Для этого у нас была бутылка на четверых и непременные вареные грибы на закуску. Между делом мы там же и купались, пока дети не кричали нам, что еда готова.

Надо сказать, что тогда в Вологодской области было очень много грибов, так что вчерашние вареные грибы были сегодня на закуску в обилии.

Также надо сказать, что в те времена разыгралась моя язва, а она на дух не принимала грибы. Как быть? Я принял инверсный порядок: с начала я ел на закуску грибы, затем их нейтрализовал стаканом водки и, наконец, ложкой альмагеля нейтрализовал водку. И так весь поход.

Счастье Темы

Там же в походе была такая история. В одной байдарке шел Гоброныч с сыном Темой. Теме было лет 13-14 и он тогда был страшным занудой. Бывает такой период у детей.

Однажды перед отплытием Тема стал всех нас пересчитывать, приговаривая: *Эники-веники, ты сегодня утонешь*. Теме дали по шее и мы отплыли.

Не прошло и получаса, как реку перекрыл трос - в очередной деревне работал паром. Мы не успели сориентироваться и две байдарки перевернулись на тросе. Остальные им помогли, вытащили байдарки, вещи, отлили воду. При перевороте мы потеряли ведра и я послал Гоброныча с Темой в деревню купить какие-нибудь емкости для варки.

Разложили выжатые вещи, успокоились и вдруг Сергей Никулин закричал, *где Тема?* Кому Тема перед отплытием нагадал утонуть, те и перевернулись. Хорошо, что в тот момент Тема с отцом был в деревне, а то бы ему крепко досталось.

О матерщине

Мы сплавлялись тремя байдарками в Карелии по Пришвинским местам,

Шесть мужиков могли спокойно обнести три груженые байдарки через любой завал. Но нам встретился один завал, длинной в три-четыре байдарки. Мы решили пробраться под завалом. Я, как командир, шел первым. Матросом у меня был Толмачев. Уже на выходе из-под завала, когда матрос уже вылез, а я еще полусогнувшись перебирал по лежащим с верху бревнам, нужно было уводить корму в лево и сделать это мог только командир, упираясь в лежащие сверху бревна. Мы с Томачевым сделали этот маневр, вышли на свободную воду, закурили и дали команду остальным байдаркам на проход. Вторым шел Толстой, а матросом у него был Гоброныч. Я предупредил Толмачева, что сейчас будет концерт.

Действительно, из-под бревен появился Гоброныч, расправился и велел Толстому заводить корму байдарки. И тут в прекрасной Пришвинской тишине Карелии раздался громкий ответ Толстого о том, что у него голова под крылом, а этот гусь командует. Свой ответ Толстой сопроводил сочными истинно русскими метафорами. Ну что тут можно было поделать. Хорошо, что не было рядом Пришвина.

Боря Алипов с Гарри Гойхманом были два интеллигента, не ругаясь прошли этот завал и поэтому в памяти не остались.

Однажды в монастыре я наблюдал, как два монаха, один внизу другой наверху, поднимали восьмиметровые доски сороковки для настила на лесах, с которых штукатурили стены второго этажа. Работа была, мало сказать, нелегкая. Нижний монах подавал доску вверх, а верхний – тянул ее на леса. Иногда доску заедало и верхний монах с натугой говорил – не могу. На это нижний монах спокойно ему советовал – а ты помолись.

Руководитель шоу (Поле чудес)

Мне часто приходилось принимать у студентов зачеты по разным курсам. На кафедре было принято на зачете выдавать один вопрос из списка, заданных для повторения. Вечно вставала проблема, как случайным образом выбрать вопрос из списка. Печатать билеты для случайного выбора вопроса было муторно.

В качестве генератора случайных чисел я выбрал турбинный блок. Малогабаритная, хорошо сбалансированная турбина была почти идеальным механическим генератором случайных чисел. Дело техники было пронумеровать лопатки направляющего аппарата и поставить метку на колесо турбины.

Со временем студенты, по подобию телевизионной игры - поле чудес - предложили ввести сектор ПЛЮС. Подумав, я согласился, с условием введения сектора МИНУС. ПЛЮС – зачет без опроса, МИНУС – повторная сдача. Азарт взял свое и у нас выявился консенсус.

В первой сдававшей группе не было ни сектора ПЛЮС, ни сектора МИНУС. Когда я вернулся после перекура, вся группа, забросив подготовку, вертела турбину. Вертела сильно, вертела слабо, вертела боком, кто как был горазд. Ни одного сектора ПЛЮС ни одного сектора МИНУС не выпадало. На второй день в следующей группе сразу два студента подряд получили сектор ПЛЮС и один сектор – МИНУС.

У турбины был свой взгляд на то, где останавливаться, но об этой тайне она знала только сама.

На нашей встрече со студентами через несколько лет они с удовольствием вспоминали это поле чудес (но не предмет).

Шумным ребенком

Это из рассказов моей матушки, Анны Григорьевны.

Мне было тогда года 4 – 5. Я в те времена был шумным ребенком и приставал ко всем подругам матери, когда они заходили поболтать. Но иногда я куда-то забивался в квартире и затихал. Тогда удивленные соседки уверенно говорили:

— Аня, твой-то что-то затих, наверняка обосрался.

Няней

Мы в моей молодости жили в поселке Качуга (в Сибири, около Байкала). Мне было лет 5-6, а моему брату Юрику года полтора – два. Это было в сороковых годах. Мама работала, отец где-то возвращался после войны. Детских садов и яслей в Качуге не было и я, на время работы мамы, был няней моему братику. Днем было туда-сюда, а вот ближе к вечеру начинало темнеть и становилось страшно. Я затаскивал братика на стол, залезал туда сам и мы начинали вместе реветь. Когда у нас сил не хватало для рева, мы засыпали на этом столе.

Надо сказать, что поселок наш был небольшой, времена тревожные и мне вменялось в обязанность с натугой поднимать железный лом и привязывать к нему входную дверь. Запор был надежный, но мы после рева спали крепко и никакие крики с наружи нас не могли разбудить.

Несколько раз маме приходилось взламывать входную дверь. Когда она, наконец, входила в дом мы только тогда сразу просыпались и радостно кричали – МАМА.

Куратором группы

В бытность мою в аспирантуре (в конце шестидесятых) нас человек пять аспирантов вызвали в кабинет заведующего кафедрой. Вызывали по одному для беседы, которую вели зав. кафедрой и парторг.

В те времена студентов направляли на картошку, и в каждую группу нужен был куратор на это мероприятие. Групп было три, нас было пятеро. Все мы упирались против поездки как могли: и семья, и наука, и все, что попадало по руку.

Подошла моя очередь, я вошел в кабинет, мне предложили сесть. С начала зав. кафедрой изложил ситуацию и намекнул, что не вам ли молодым это будет сподручней и т.д. Я молча выслушал все указания. Затем стал говорить парторг, что вам комсомольцам и т.д. и т.п. Я опять молча, слушал. Он говорил долго, но, наконец, возмутился:

— Ты почему ничего не возражаешь!?

В итоге я месяц пробыл со студенческой группой на уборке картошки. Этот месяц нас сблизил. Лет через двадцать-тридцать на юбилее факультета человек семь из группы долго разыскивали меня на кафедре перед банкетом. Они были уже большими, толстыми, с детьми и даже намечались внуки, но помнили до сих пор и себя тогдашних и меня с ними.

Ах, эти девушки

Это было в годах 70-х 80-х, когда еще девушки стеснялись курить на людях и прятались в туалетах. На кафедру привели на экскурсию группу первокурсников. Кто-то из доцентов показывал им установки, говорил о блестящих перспективах и т.п. Мы, молодые аспиранты, курили на лестничной площадке. Подошел наш шеф, заведующий кафедрой Сергей Васильевич Костин, и закурил вместе с нами. Он был в хорошем настроении после выступления перед первокурсниками, которые, надо сказать, не все его слушали и не все даже на него смотрели.

Организованная экскурсия окончилась, и кто-то из первокурсников еще что-то спрашивал у доцента, кто-то спешил уйти по своим делам. Из помещения кафедры деловито вышла симпатичная первокурсница, оценивающе посмотрела на нас и попросила у шефа спички. Он галантно передал ей коробок, с которым она с достоинством прошла в женский туалет, видимо покурить. Шеф озадаченно посмотрел ей вслед и обратился к нам за советом, ждать ему около женского туалета или можно уйти?

Однажды я курил у входа в корпус. Проходившая мимо студентка попросила прикурить. Я вежливо дал ей коробок спичек. Она взяла коробок, как зажигалку и попыталась что-то крутануть, затем сказала «Ах!» и угловато прикурила от спички.

Я понял, что отстал от молодежи на несколько длинных лет.

Наивным

Моей первой машиной была Жигули – шестерка. Она в молодости была разъездной машиной в фирме, где тогда работал мой старший сын. Когда ее всю вдоль и поперек раздолбали и решили выкинуть, мой сын предложил мне ее взять и сдать в металлолом. Я нахально выпросил у него в придачу к машине 500 долларов и капитально отремонтировал двигатель, что позволило мне на ней года два-три ездить на дачу. У машины ручник не действовал, люфт руля был градусов 30-40, она вся скрипела и подрагивала. Я всегда радовался въезду в пределы Москвы: если заглохнет, то дешево буксировать. Соответственно, права я тоже купил, и техосмотры тоже покупал, машину показывать в ГАИ было опасно.

Однажды еду я по трассе и на 50-м километре меня останавливает гаишник. Это бывало редко, но я всегда волновался. Вышел из машины, достал права и техпаспорт и предъявил гаишнику. Он прочитал, обошел машину и спросил:

— А где у Вас талон техосмотра?

Я быстро ответил:

— Вон, на переднем окошке.

Гаишник опешил и закричал своему напарнику:

— Иваныч, смотри, у него в машине переднее окошко.

Посмотрел на меня и назидательно сказал:

— Это лобовое стекло.

После этого он отдал мне права и отпустил.

Хорошо быть наивным.

Разговор с лягушонком

Это было на даче. В нашем маленьком домишке, где мы с Ольгой жили, всегда была открыта дверь. Хотя дверь была завешена старой тюлевой занавеской, но все равно внешний мир время от времени проникал в наш домик. Естественно, это были комары и мухи, но иногда запрыгивали и лягушки, посидеть в тенечке. Мы их ловили и выгоняли, но одна проворная жила у нас дня три.

На днях, уже ложась спать, мы закрыли дверь нашего дачного домика, почти разделись и неожиданно обнаружили маленького лягушонка, который начал прыгать по полу. Надо сказать, что взрослые лягушки вели себя пристойно и забивались в укромные уголки, откуда их было невозможно вытащить. (Может это была одна и та же лягушка, я не знаю). А этот малый несмышленыш вел себя разнузданно, прыгал и, по-моему, веселился.

Мы с Ольгой лягушек не боимся, но и брать их в руки не любим. Поэтому мы взяли в руки разные веники и т.п. и стали гоняться за лягушонком. Он прыгал туда, сюда, иногда замирал и вновь прыгал. По-моему он издевался над этими четырьмя столбами, которые за ним бегали. Он видел только наши ноги, а остальное было вне его поля зрения.

Лягушонок был еще глуп и не понимал, что мы ничего плохого не хотим, а только хотим его выгнать на улицу.

Наконец, лягушонок устал играть с нами и на некоторое время замер. Я этим воспользовался и приблизился, чтобы его захватить. Лягушонок прыгнул почти мне в лицо, я отпрянул и от неожиданности вскрикнул:

— Что тебе надо?!

Тут произошло что-то сверхъестественное, я с этим никогда не сталкивался в жизни. Лягушонок как-то встал, выпрямился на задних лапках, передние просительно протянул ко мне и противным писклявым голосом всхлипнул:

— Писать хочу.

....

Я проснулся и побежал на горшок.

Темные уголки моей души

В том году у всех уродилось много яблок. Даже наша полу - дикарка выдала 45 мелких яблочек, которые постепенно опадали.

У моего соседа Васи было штук пять яблонь, которые были обсыпаны яблоками. Одна из них была около забора и часть ее веток с яблоками свешивались наружу. Яблоки были крупные с красными бочками и распространяли призывный аромат.

Я все время хотел спросить:

- Василь Васильевич, а те яблоки, что за забором они ничейные?

Было у меня что-то дорогое

Это было давно. У меня вырезали аппендицит. Лежал я в Боткинской больнице. В палате нас было человек семь. У всех что-то вырезали в районе живота. Ходили мы все медленно с подвязанным полотенцем животами и еще придерживали животы руками.

В один из дней кто-то предложил сходить в музей Ленина. В Боткинской больнице была в те времена мемориальная палата, где лежал В.И, Ленин после стрельбы в него Фани Каплан. Нужно было идти по извилистым переходам из корпуса в корпус. В коридорах везде стояли больные и, глядя на нашу компанию, все сердобольно советовали:

— Держите крепче ребята, там за углом отбирают.

Креативным

Я в МАИ поступал дважды. После первого недобора вступительных баллов мать меня устроила в институтский гараж грузчиком. У тамошнего завгара была традиция держать два - три не поступивших абитуриента в грузчиках.

В те времена у меня была еще одна способность – писать плакаты. В этой связи завгар мне поручил оформить соцобязательства работников гаража. Это был плакат в рамке под стеклом размером метр на полметра и висел он в красном уголке гаража, где в обеденный перерыв собирались шофера и механики играть в домино.

Работа была не пыльная, на весь день в красном уголке. Соцобязательства мало отличались от обязательств прошлого года, в общем написать аккуратно все это для меня не представляло труда. Я вечером повесил обязательства на стенку и ушел спокойно домой.

Назавтра, в обеденный перерыв все хохотали и бежали в красный уголок читать свои обязательства. В одном из пунктов соцобязательств работники гаража обещали сэкономить столько-то тысяч рублей чего-то. Я по инерции написал, что сэкономить надо столько-то тысяч рулей. Для шоферов это было в самую точку.

Бегу к завгару, прошу прощения, обязуюсь переписать в неурочное время. А завгар все выслушал и велел оставить как есть. Он пояснил, что раньше эти соцобязательства никто никогда не читал, а сейчас их прочитали все сотрудники, шофера и механики гаража.

Произошло это у меня случайно, но вот мой покойный брат, Юрик, в этом плане был действительно креативным. Один характерный его рассказ.

Юрик закончил речной техникум и, одно время, плавал третьим штурманом на самоходке между Москвой и Казанью. Работа длинная и однообразная, самоходка идет по фарватеру от бакена к бакену и так сутки за сутками.

Как-то они пришли в конечный пункт и Юрик сошел на берег прогуляться. Около якоря их самоходки трудился парнишка из речного ПТУ. Ребята там были из прибрежных деревень и эти практики для них были познанием большого окружающего мира. Юрик подошел и поинтересовался, что тот делает. Мальчишка сказал, что боцман велел ему наточить якорь и парнишка усиленно точил громаду якоря рашпилем (а надо сказать, что боцман для этой очень важной работы выделил ему совершенно новый рашпиль). Сам боцман с друзьями спрятался на палубе и потешался над ПТУшником.

Юрик выслушал мальчишку, пожурил его за непролазную темноту и велел сломать рашпиль о якорь и пойти к боцману за вторым, потому что первый уже весь источился. Сам Юрик теперь уже следил за боцманом и потирал руки от удовольствия.

Гирей

Во времена моей работы в гараже института в обязанность гаража входило собирать и вывозит на базу весь валяющийся на территории института металлолом. Ценным был лом цветных металлов.

Груженую машину на входе в базу загоняли на весы и взвешивали. После разгрузки на выезде ее опять взвешивали, разность была весом металлолома. На въезде я и шофер сидели в машине, на выезд я шел пешком и даже шофер умудрялся выскочить к окошку весовщицы.

Это было полноценных полторы сотни килограмм цветмета.

Воспитателем

В бытность мою грузчиком в маевском гараже там нас было трое таких, как я. Это я, Славка и Фима. Я и в те времена и по сию пору никогда не матерился, только иногда чертыхался. Славка был выпивохой и матершинником. Фима был из культурной еврейской семьи и старался не материться, хотя часто выражался нецензурно и это его удручало.

Фима присмотрелся ко мне и предложил бороться с матершиной. Конкретно он предложил заключиться на три щелбана по лбу за каждое матерное слово. Я выторговал себе разрешение на чертыхание и принял обет.

В гараже у нас грузчиков была хорошая приработка – это разгрузка вагонов с лесом (полный вагон шестиметровых бревен). Вагон с лесом пригоняли на ветку института часов в восемь – девять вечера. Разгружали вагон крановщик и трое грузчиков – это мы. Кончали разгрузку мы где-то часов в два-три ночи. Славка в вагоне подваживал охапку бревен, я протаскивал под охапкой трос и кричал вира. Фима на земле принимал охапку и отцеплял трос.

Ближе к концу мы уставали и особенно Фима. Он двигался медленно и неповоротливо. Мы со Славкой на него покрикивали и, наконец, когда наше терпение иссякало, я подзывал Фиму и напоминал о его задолженности по щелбанам (задолженность была всегда у Фимы, он часто не сдерживался в матерщине). Фима покорно подходил и я с превеликим удовольствием врезал ему три хороших увесистых щелбана. Это меня успокаивало, а Фиму злило, он отходил от меня, за что-то задевал, спотыкался и вновь матерился, а я просил внести три щелбана опять в долг.

За год работы Фима ни разу меня не щелкнул.

В пенсионный период я подрабатывал в одном предприятие. Первый мой начальник был известным на предприятии матерщинником. Общаясь со мной он всегда выделял минут 15 – 20 на свои воспоминания и шикарно при этом матерился. Я иногда вспоминал при этом Фиму и думал, что будь у меня с начальником договор о применении матерщины в разговорах, уж я бы ему лоб расквасил.

Иностранные языки

За свою жизнь я столкнулся с тремя иностранными языками: немецким, английским и французским.

Немецкий язык я учил в школе, институте и в аспирантуре. Мне нравилось изучать язык. По иностранному языку студентам в институте нужно было сдавать перевод 40 или 60 тысяч печатных знаков в семестр, и так 8 семестров. Обычно небольшая компания студентов делила этот текст между собой и потом перед сдачей обменивалась словариками и помогали друг другу в переводе текста. После первого семестра я предложил нашей группке переводить за всех. На меня посмотрели, как на идиота, но сразу согласились с такой лафой. Я переводил, раздавал словарик, сидел с друзьями до тех пор, пока они не были готовы сдавать тысячи. Естественно, я знал текст «на ять» и меня ставили последним в очередь на сдачу тысяч, чтобы не портил остальным впечатление у преподавательницы немецкого своими познаниями. В итоге они как не знали немецкого, так и не знают, а я до сих пор могу прочитать немецкий текст и понять нужен ли мне словарь. Несколько лет после института я подрабатывал переводами немецких технических текстов.

Английский язык я изучил в конце девяностых, когда все мы искали, где подработать. Я купил седюшник для ускоренного обучения английскому и через 3 – 4 месяца мог вести беседу на английском по своему предмету. Из иностранного отдела института мне подсунули иностранную студентку на месячную стажировку. Языком общения мы с ней выбрали английский. Месяц я ей рассказывал на английском языке, о моем пневматическом приводе, она задавала вопросы, я их понимал и отвечал, а она понимала мои пояснения. Проблема возникала при отклонении от темы стажировки. Однажды она пыталась мне рассказать, что ее восхитило при воскресном посещении музея в Коломенском. Минут 40 мы с ней и со словарями пытались понять друг друга, но так и не смогли.

Через полгода после ее отъезда я утратил большую часть своих познаний в английском.

Французский язык я начал изучать на восьмом десятке лет на пенсии, когда появилось достаточно свободного времени. Мне всю жизнь хотелось выучить французский язык. Я купил самоучители, поставил программу для самообучения. Кто-то мне сказал, что хорошо бы выучить французские стихи. Я выбрал Марсельезу и песню «Падам, падам, падам...» и стал их учить. Или язык этот трудный или у меня память стала дырявой, но за все лето на даче я выучил только по одному куплету этих песен на французском. А очень хочется.

Один мой знакомый жаловался на изучение английского языка своим сыном, студентом. Сын получал печатный экземпляр текста для перевода. Этот текст он сканировал и отправлял в редактор. Затем применял «промт» (автоматический переводчик) для перевода текста, немого редактировал полученный перевод, печатал русский текст и сдавал преподавателю. Иностранного языка он как не знал до этого, так и не знал после.

В наше время, при наличии компьютеров и развитии программирования может и не надо изучать иностранный язык?

Выпускник МАИ со вбитыми в голову знаниями

Рассказываю, как знания вбиваются в голову выпускника МАИ.

В наше время для получения диплома было необходимо в течении года после защиты диплома наработать трудовой стаж по месту распределения не менее девяти месяцев.

Нас собралось четверо для получения дипломов (все мы ранее работали на кафедре, но не были отличниками). Сдали справки о стаже, начальник кабинета дипломного проектирования их проверил и выдал нам наши дипломы. Мы вышли за проходную института и пошли пешком до Аэропорта. Мой товарищ предложил сравнить наши знания по приложению к диплому. В приложении были все оценки по всем предметам, штук 45 и еще 12 курсовых проектов. Мы открывали предмет, например, «Историю КПСС», смотрели оценки и по их разности лупили щелбаны друг другу. Оценки у нас были разные и на подходе к Аэропорту оба наши лба были красными, но все предметы мы вбили в лоб.

Наши товарищи были продвинутыми, они посчитали общую сумму баллов, нашли разность и дали один другому 5 щелбанов. Остальное время они потешались над нами.

Культурным

На первом курсе мы решили повышать свой культурный уровень. Мы - это пятеро ребят из нашей группы. Каждую стипендию мы покупали билеты (в те времена это было вполне по силам студентам) и шли в очередной театр Москвы.

Все было хорошо, пока к нам не присоединились наши девчонки и не стали водить нас на постановки, режиссеров, артистов. Вскоре из-за девчонок наше начинание погасло, поскольку пропала основная идея - изначально мы хотели выяснить, в каком театре Москвы лучший буфет?

Экономным

Одно время я подрабатывал на Марсе. Марс это не планета, а КБ. Начинал я свою работу с тепловых расчетов печатных плат. Данные для расчетов выдавал мой начальник. Курировала меня пожилая сотрудница КБ, которая этими расчетами занималась всю жизнь. Для расчетов существует утвержденная инструкция, которая состоит из расчетных формул и графиков коэффициентов для разных схем (брошюра листов на 30). Расчет одного режима занимает с кратким отчетом около полдня. Другой режим – еще полдня.

Я все эти формулы набил в Excel-е, а графики аппроксимировал полиномами в Matlab-е и вставил в простенькую программу. Теперь для расчета нужно было только ввести исходные данные, нажать принт и получить распечатку. И все.

Только нужно было результаты выдавать начальнику не сразу, а через день, что я исправно и делал.

Месяц - полтора я прекрасно (не торопясь) считал температурные режимы печатных плат. Через месяц мой начальник велел показать ему, где эта программа и заявил, что он сам может вводить данные. Кончилась моя лафа.

Судьбы

Целина интересно распоряжалась судьбами людей. Курсе на 4-м я как-то зашел в гости к нашей красавице Наталье Рецкер. Ее родители ругались и не пускали младшую сестру Натальи на целину. Довод был больше, чем убедительным. Старшая сестра Натальи съездила на целину и вышла замуж, ей купили кооперативную квартиру. Наталья съездила на целину и вышла замуж за Сашку Круглова, ей родители оставили свою квартиру. На третью квартиру у родителей не было ни сил, ни денег и они насмерть стояли против поездки младшей дочери на целину.

Польза книг

От Ялты до Симферополя нужно было ехать на троллейбусе часа четыре. Мне обычно не нравятся разговорчивые попутчики. В том случае меня выручила книга, которую я взял в дорогу, раскрыл и уткнулся в нее.

Мой сосед в троллейбусе минут десять ерзал рядом и, наконец, стал приставать, что это у вас за интересная книга? Раза два я отмолчался, наконец, не вытерпел и показал ему обложку. Там стояло: «В.И.Ленин Материализм и эмпириокритицизм». Больше за всю дорогу до Симферополя сосед меня не тревожил, а я изредка переворачивал страницы.

Мои сыновья

Годах в девяностых мой старший сын Кирилл часто летал в США. В очередной раз он примчался домой часов в 12 вечера, был весь в замоте, что-то ему нужно было отпечатать, что-то кому-то отослать, собрать вещи, кому-то позвонить, а ближе к утру мчаться в Шереметьево. Он на всех нас рычал, мы ходили по квартире на цыпочках как мышки.

Тут в комнату Кирилла вошел наш младшенький, Сережа, и обратился к Кириллу:

— Кирюша, привези мне...

Кирилл резко повернулся, готовый грозно осадить брата,

Сергей выдержал паузу и продолжил:

— ...мне горсть американской земли.

От неожиданности просьбы на какое-то мгновение мы все затихли, а через паузу расхохотались. Предотъездное напряжение снялось.

С тех пор мы иногда напоминали Кирюше просьбу Сергея и весело вспоминали его тогдашний отъезд.

Младший, Сережа, тоже крупно нас с матерью озадачил. На последних курсах института и после он тяготел к службам в храме. Храм, так храм, что поделаешь. Однажды он пришел часа в три дня и на кухне сказал родителям, что уходит в монастырь и уже в восемь часов вечера у него поезд в Новосибирск, где был назначенный ему монастырь. Мы Ольгой сели тут же на то, что подвернулось.

Потом мы пришли в себя, собрали его в дорогу и несколько лет, потом ездили в этот монастырь на пару недель работниками.

Сейчас мы уже успокоились и думаем, что это его жизненная дорога, призвание. Сейчас он уже епископ.

Вот так вот. А ведь было время, когда я был парторгом кафедры, Кирилл – комсоргом группы в институте, а Сережа – председателем совета отряда в классе. И только одна наша беспартийная мамочка всех жучила: как собрание комсомольской группы, ты готов к партсобранию, что там у вас в пионерском отряде? До сих пор она как была, так и осталась беспартийной.

И несколько слов о воспитании. Оба наших сына не пьют и не курят. Ходя я иногда употребляю водку, а курили мы с Ольгой как сапожники, иногда по две - три пачки сигарет в день. Никаких строгостей и нравоучений в нашей семье никогда не было, но ведь вышло вот так. Я не знаю рецепта этому.

Отобранная пятерка

Среднюю школу я закончил в 57 году с двумя четверками в аттестате: по русскому и по химии. Особенно мне помнится четверка по химии. Химию наш класс сдавал последней. Надо сказать, что наша химичка была одновременно и биологом и отвечала за все биологические мероприятия в школе, в частности за пришкольный сад. В те времена московские власти для увеличения охвата населения общественными мероприятиями постановили бесплатно выдавать саженцы тем школам, где есть общественные организации садоводов-любителей. На меня выпало организовывать это общество при нашей школе. Я развил бурную деятельность и несколько учителей и все четыре десятых класса образовали многочисленную общественную организацию. Организацию соответствующим образом оформили и наша школа в мае получила две автомашины разных саженцев, которыми мы утыкали весь пришкольный участок.

На выпускном экзамене по химии мне меньше пятерки не могла поставить благодарная химичка, да и учился я неплохо. Так и произошло на экзамене. Химичка мне улыбнулась, посмотрела в окно на молодой сад и после нескольких моих фраз по химии сказала хватит и поставила мне пять.

Последний экзамен на аттестат зрелости, пять, я свободен. Я через ступеньки бегу вниз. Тут меня встретил наш завуч. Поинтересовался, как? я сказал - одна четверка в аттестате. Завуч всполошился. При одной четверке в те времена нужно было выпускнику выдавать серебряную медаль. При выдаче медалей требовалось посылать в РОНО сочинение претендента.

Он прихватил меня, завел к себе в кабинет и срочно вызвал нашу училку по русскому. Училка считала, что мое сочинение не выдержит строгой проверки в РОНО и в моем аттестате появится единственная тройка. Завуч посмотрел на меня, подумал и спросил, какой был последний экзамен и, узнав, что это была химия, тут же велел мою честную пятерку исправить на четыре.

Таким образом у меня в аттестате стало две четверки - по русскому и по химии (а остальные – пятерки).

Граница юмора

У каждого человека есть своя граница восприятия юмора.

На младших курсах института у нас была общевойсковая подготовка, которую вел полковник - артиллерист. Мы с Сашкой Кругловым были у него любимчиками, ловко строились, отдавали честь, разбирали и собирали карабин. В перерывах полковник вел с нами разные поучительные беседы, пока мы не добрались до Швейка. Юзеф Швейк, как известно, предлагал стрелять из пушки за угол, если пушку положить на бок. Когда полковник-артиллерист отсмеялся классическому примеру юмора, Сашка спросил его:

- Товарищ полковник, а как на самом деле?

Полковник чуть не поперхнулся от возмущения. Сашка перешагнул границу юмора полковника. Тот разъярился, стыдил нас перед группой, говорил что-то насчет разведки, в которую с нами не пойдет.

Невезуха

Курсе на третьем у нас был курсовой проект по деталям машин. У меня, Володьки Фатина и Сашки Круглова был курсовой проект по планетарному редуктору. Я проект честно делал, ходил на консультации, что-то считал, чертил и перетирал свой лист. Фатин и Круглов никуда не ходили, а ждали моих результатов. Наконец я все выяснил, начертил и мои друзья тоже по моему образцу выполнили свои задания.

Защита проектов происходила по алфавиту. Круглов и Фатин защитились на отлично. Когда подошла моя очередь, то меня выгнали за списывание (лист мой был весь перетертый, записка тоже имела ряд переделок, и, к тому же, уже двое из этой группы защитились по этому варианту).

Справедливости ради надо сказать, что через два дня мой руководитель и я защитились на четверку.

В конце 90-х годов зав. кафедрой заставил меня написать на самого себя реляцию на присуждение звания профессора. Он долго приставал, в конце концов я сдался и написал прекрасную характеристику на самого себя. Эту характеристику у меня списали два доцента, переделав под свои заслуги. Им присвоили звания профессоров, а мне отказали.

Но хочу сказать, что отметка отметке рознь.

На пятом курсе у нас был зачет по гидроприводу. При сдаче зачета я немного путался и профессор Гамынин меня выгнал с зачета (т.е. поставил двойку). Он сказал:

- Вы, Владислав Алексеевич, у меня работаете, будете делать у меня диплом и я не могу пропустить Вас с такими слабыми знаниями.

Через четыре дня я во всем разобрался и получил у Гамынина пятерку.

Прошло 50 лет, а эту сдачу я помню до сих пор.

Фоторепортером без штанов

В 1968 году у нас с Ольгой было свадебное путешествие, мы неделю жили вдвоем на Соловецком острове. В один день мы пошли посмотреть на дамбу. Проходя мимо Святого озера, я захотел сфотографировать Соловецкий монастырь. Он был на другом берегу озера и являл из себя прекрасный вид.

Но тут выяснилось, что мой фотоаппарат заело. Кругом никого и ничего, а надо перемотать фотопленку. Единственным темным мешком были мои штаны, но кругом были еще и комары. Пришлось снять штаны, Ольге дать ветку для обмахивания комаров от моего голого зада и минут 15 перематывать пленку.

Однажды там же на Соловках я увидел интересное объявление:

- Воинской части требуются стрелки для охраны склада ГСМ.

И в продолжение этой темы.

На площади Белорусского вокзала есть церковь, в которой был одно время какой-то склад. На высоком крыльце этого храма спал старый облезлый пес. Вид у пса был усталый, во сне пес изредка вздрагивал. На двери красовалась надпись - СКЛАД, а чуть ниже, почти над головой спящего пса висело крупное объявление - складу срочно требуется сторож.

Может это была просьба уставшего пса?

Времена года

Кончилось дачное лето, настала осень. Прошла пышная пора природы увяданья, наступила пора холодная, дождливая и не уютная. Я, приходя на работу, регулярно спрашиваю моего многолетнего напарника по работе и даче Василия Васильевича, когда выпадет снег?

В начале, мой вопрос вызывал у него недоумение. Потом я ему пояснил, что если выпадет снег, то он обязательно растает (это будет где-то в апреле – мае) и тогда мы опять поедем на дачу.

Теперь он тоже ждет выпадения снега.

Из анкеты

– ФИО;

– год рождения – один из сороковых годов прошлого тысячелетия;

– месяц рождения – месяц рождения большинства выдающихся людей – апрель;

– дата рождения – одно из простых чисел в месяце;

– Не был;

– Не был;

– Не участвовал;

– Не волочился;

– За границей был два раза;

– Не изменял;

– Мне 73 года, я состою в непрерывном браке 45 лет;

– За 45 лет имею одну жену, двоих сыновей, машину, дачу, почет и уважение;

– На дачном участке все строил и делал самостоятельно, когда сил стало мало, перестал что-либо делать кроме посильной и увлекательной работы с электрокосилкой на травяном газоне;

– Жена восхитительна, не помню, чтобы я с ней когда-либо в жизни ругался, за все за это я ей отдаю не то чтобы полцарства, а всю зарплату, а в замен она дарит мне целое царство любви, а какие у нас дети! (смотри главку «Мои сыновья»);

– Поступил, защитил диплом;

– Поступил, защитил диссертацию;

– Всю жизнь работаю в одном месте, преодолел путь от грузчика до доцента;

– Правительство приглядывалось ко мне и несколько раз награждало;

– На работе старался так что, имеются заметные труды, оформленные в список;

– Работа рядом с домом, так что могу не только дойти до рабочего места, но и вернуться домой самостоятельно (это актуально для пенсионера);

– Всегда жил по принципу: если хочется – то покупаю, если дорого – то не хочется;

– Характер среднерусский, устойчивый, к друзьям отношение ровное;

– Пагубных пристрастий не имею, но открытую бутылку водки любого объема всегда допиваю (последнее время устойчиво перешел на стограммовую тару).

В ИТОГЕ,
ПО ЖИЗНИ,
Я СТАЛ
КАНДИДАТОМ ТЕХНИЧЕСКИХ
НАУК, ДОЦЕНТОМ

Содержание